중섭 아재처럼

중섭 아재처럼

시산맥 시혼 033

초판 1쇄 발행 | 2023년 08월 10일
초판 2쇄 발행 | 2024년 04월 18일

지은이 정희성
펴낸이 문정영
펴낸곳 시산맥사
편집주간 김필영
편집위원 신정민 최연수
등록번호 제300-2013-12호
등록일자 2009년 4월 15일
주소 03131 서울특별시 종로구 율곡로 6길 36. 월드오피스텔 1102호
전화 02-764-8722, 010-8894-8722
전자우편 poemmtss@naver.com
시산맥카페 http://cafe.daum.net/poemmtss

ISBN 979-11-6243-392-8 03810

값 10,000원

* 이 책은 전부 또는 일부 내용을 재사용하려면 반드시 저작권자와 시산맥사의 동의를 받아야 합니다.
* 이 책은 교보문고와 연계하여 전자북으로 발간되었습니다.
* 본문 페이지에서 한 연이 첫 번째 행에서 시작될 때에는 〈 표기를 합니다.
* 저자의 의도에 따라 작품의 보조 동사와 합성 명사는 띄어쓰기가 달라질 수 있습니다.

중섭 아재처럼

정희성 시집

| 시인의 말 |

서정을 위하여

스무 살이 내건 대자보 쓰듯 외치고 싶은 게지요
또박또박 난필로 겁 없이 분노하는 거룩
담채화 닮은 시를 그리고 싶은 게지요
희미하게 가려놓은 절규와 농담 속에 벼려놓은 직설

논자와 평자와 사가 몰래 슬쩍 개울에 흘리는 노래를 부르고 싶은 게지요 겨울나무에 겨우 걸려 있다 당신 강가에 오는 날 안개로 풀리는 눈물이고 싶은 게지요

그런 날은 더운밥 한 양푼
작은 저녁이고 싶은 게지요

당신 부르튼 발을 씻기는
놋대야고 싶은 게지요

2023년 여름,
시업(詩業) 30년을 맞으며

■ 차 례

■ 시인의 말 _서정을 위하여   11

1부

중섭 아재처럼	19
농업경영체 등록인	20
태평가	21
물속의 잠	22
봄날은 간다	24
귤꽃	25
조용하다	26
득음	27
태풍주의보	28
만종	29
어떤 생애	30
점묘	31
금슬초	32
금혼	33

2부

채밀　　　　　　　　　　　37
뒷모습　　　　　　　　　　38
오수　　　　　　　　　　　39
팽형　　　　　　　　　　　40
몽유　　　　　　　　　　　42
동사섭　　　　　　　　　　44
한 달 살이　　　　　　　　45
수목장　　　　　　　　　　46
헛꿈　　　　　　　　　　　48
투병일기　　　　　　　　　50
새마을　　　　　　　　　　55
아메리카 냄새　　　　　　　56
쏘롱 아메리카　　　　　　　57
방학식　　　　　　　　　　59
이력　　　　　　　　　　　60
서울의 봄　　　　　　　　　61
오월이 오면　　　　　　　　62
아름다운 슬픈 점방　　　　　63

3부

야단법석	67
대춘부	68
해빙	69
식구	70
봄까치꽃	71
순비기꽃	72
딸기꽃	73
등대풀꽃	74
풀꽃으로 오는 사람아	75
어느 귀환의 방식	76
감나무	77
파랑주의보	78
풍장	79
순환소수적 이별	80
독백, 사랑을 놓치고	82
유행가만큼도	84
내 생이 사흘만 남았다면	86

4부

겨울 점묘	91
샛강에 서서	92
경모공원묘지	93
국방색 봄	95
심가 처녀의 소원	96
통일전망대	97
화무십일홍	98
피맛길	100
장타령	102
수송동 입춘 즈음	104
서울쥐 시골쥐	105

■ 해설 | 전해수(문학평론가)　　　107

1부

중섭 아재처럼

서귀포 흙벽집 귀퉁이
애기솥 하나 걸고 살던
가난뱅이 화가 중섭 아재

손바닥 은박지 서러운 도화지에
서귀포 앞바다 몰아넣고
산 만한 황소도 치닫게 하던

배고픈 아이들 다 불러 모아
천진난만 떠먹이고는
털게 사이로 아이들 사이로
한바탕 봄바람 들썩이게 하던
그 신묘한 명필처럼

시 한 줄로 목숨 하나
보듬어 줄 수 있다면

농업경영체 등록인

백주대낮에 건넜어요
고단한 이름 남김없이
관탈섬쯤에 사랑마저 놓았어요

문도 담도 치우고
하귤 마을 서귀포
하귤의 껍질을 벗기듯
이순의 나이가 누더기로 누웠는데
아, 동충하초 식물성 피가 돌았어요

어느 세상에서 청맹과니였을까
무탈하게 사는 일이 기억났어요

태평가

풀을 벤 저녁에는 털게처럼 웅크리고 잤다
바람이 들었는지 쇄골이 서늘했다

풀들은 꼿꼿했고 잠 속에서도 쓰러지지 않았다
새벽이면 생인손이 아렸고
손마디가 쓰르라미 날개처럼
떨렸다

내 푸석한 잠은 외롭고
풀을 벤 저녁에는
골바람이 따라 눕는 소리에도
뒤척였다

설핏한 꿈마저 자꾸
바스러졌다

물속의 잠

마리아나 해구 깊이로 깊숙이 가라앉습니다
레퀴엠의 속도로 당김음 없이
균일하게 내려갑니다
지그시 압점을 찾아 누르는 중력의
죽음 전 가사상태
윤회의 가설을 믿는 당신께는
편안한 잠입니다

나는 발버둥 치거나 가위눌리지 않고
조용히 아가미를 엽니다 수중호흡의 시작
기억을 믿지 마시기 바랍니다
차분히 내려올 때 참았던 분수공을 열고
저무는 저녁바다를 들이마시는 겁니다
나는 이제야 기포를 내뿜고
물에 뜨는 잠은 겨우 시작이고

여기는 해저 천 미터 고도
이 깊은 산정에서 나는 가까스로
〈

청맹과니의 시청각을 회복합니다
무릎을 굽히고 고요히 죽었다
되살아나는 중입니다

별이 뜨는 새벽까진 돌아가겠습니다

봄날은 간다

봄날은 간다 연분홍 치마 절규도 없이
봄날은 간다 만세삼창 욕정도 없이
어쩌나, 터럭만큼 애증도 없이

낮질에 파르라니 누운
뽀리뱅이 풀이불 위에
세반고리관을 누이면
노랑 꽃무늬 현기증은 번지어라

이마에 난 생채기 더운 피로 낯을 씻으며
나는 아찔한 이별은 잊어라
입덧도 없이

봄날은 간다 숲새 따라 울다가
봄날은 간다 당신을 따라 울던

귤꽃

귤꽃 가지
장자는 누구인가
사월 돌풍을 견딘 끝
튀밥 함박 흩뿌린 꽃 무더기
막 퍼낸 이밥 냄새

일부일처에 늦자식 하나씩
장작가마 순백의 불꽃처럼
어찌 껴안아야 저리 순혈이려나

한 상 차려낸 꽃 밥상
서열 없는
저 단단한 봄꿈은
얼마나 속 깊은
위안인가!

조용하다

고시랑길 하르방이 목맸다
오십 년 각시가 병으로 떠난 지 석 달 뒤였다
삐거덕 정낭을 밀어내고
사흘 낮밤 귤꽃 환한 올레 밖으로 나돌더니
평생 해후하던 하우스 뒤켠
온 마을이 사흘이나 찾아 헤맨
으슥한 폭낭에
목줄을 걸었다

하루 동안 리사무소에선 확성기를 끄고
하루 동안 마을 안길에선 개도 안 짖었다

득음

백로 지나면
귤 가지 끝 청귤들이
낮은 도 음을 튕겨냅니다
밀물의 속도 라르고

우두커니 귀 기울이고 서서
따라 짙어가는 목숨들과 만납니다
따라 익어가는 심장소리와 만납니다

무르팍에 찰랑이는
엽록소의 파도
기어코 나는
절대 음감이어서

저녁별 하나 부서지어
꽃으로 피어나는
소리까지

태풍주의보

후박나무숲 어깨로 놈이 짓쳐들어왔다
사람들이 숨 가쁘게 포구로 돌아오고
건어물 점방은 빗장을 걸었다

배추흰나비 한 마리
거미줄 중앙에서
구백오십 헥토파스칼의 독기를
새벽부터 막아섰다

네 활개로 떠받든
빛나는 창살

이승의 이쪽
단감나무가 평온하다

만종

사카린처럼 달게
날가루로 날리는 진눈깨비
진동산 빌레귤을 따는 아침부터
아세아관리기 단기통 엔진이 쿨렁거렸다
삼십 관 무게가 진창에 밀려 흐트러졌다
널브러져도 빛나는 감귤들

정오가 되어도 여전히 어둡고
여자 삼촌 둘이 지슬을 구웠다

다섯 관 한 상자 만 오천 원
헐값에 흥정이 끝나고
남쪽부터 구름이
깨지기 시작했다

곱은 손으로 남은
지슬을 깨물었다

어떤 생애

반듯한 놈들 한 차 중간상 김 씨가 실어냈다
한 관 삼천 원 곱닥한 귤들이 바달 건넜다

불볕과 강바람 균과 충에 뜯기고 뒤틀린
못난 귤들은 다시 어미께로 왔다
사람의 혀로 가지 못하고 어미 발치에 누워
따순 솜이불이 되었다

젖이 다 말라버린 어미에게 제 몸 삭혀
젖이 될 채비를 마쳤다

점묘

등대…
지평과 수평이 만나는 틈
뭍과 바다의 바깥문
돌아온다는 기약 솟대로 솟아
그러께 바다가 된 사내들을
진혼하는 소지 불

물떼새가 걸어 나간 길목 바다가 데워지기를 기다리며 해녀들은 불턱에서 군불을 쬔다 모래언덕 떠밀려온 폐목들 상아처럼 우람하다 누구네 집이었을 못 자국들 눈처럼 선명하다 바다가 닫힐 무렵 서넛, 여자가 뭍에서 내려왔고 바다에선 해무가 올라왔다 껴안고 서로 한참 울다 돌아갔다

금슬초

밤새 비 그쳤겠다
달래장 쑥개떡 생각에
터앝 한 고랑 고르다 말고

초남드르 찔레꽃 덤불 속
먹고사리 아홉 형제 생각나
꺾고 꺾고 꺾다가
달래장 쑥개떡은커녕
어제 다툰 일마저 까맣게 잊다가

심다 만 가시오이 모종 생각에
먹고사리 망태 냅다 내팽개치고
포롱포롱 손잡고 내려오는
봄 건망증

숲새를 닮아 가는
가시버시

금혼

내 명줄
실금 하나 남지 않은 시각
네 무릎 청해 베고는
마지막 숨 거둘 수 있는 자격으로

지금
살고 있는가

서로 화들짝 눈멀던 날
그 첫날 첫 마음으로
지금 숨 쉬고 있는가

서로
그림자 거리에서

2부

채밀

동박새 꿀을 딴다
어느 문하인지 야만과 염치는
잘도 골라내고 목숨만큼만 딴다

하루해 새벽이면 녹아버리는 만나를 위하여
나는 무척 사금파리 길을 건너왔구나
나는 뱉어놓은 맹서와 작심을 위하여

직하의 순절은 얼마나 산뜻한가
필 만큼 피다 지는 목숨 앞에서
피는 값보다 지는 값을 쳐주는

동백꽃 붉은 저녁엔
부끄러움을 내다 넌다

뒷모습

알전구 위 가없이 걸었다 필라멘트가 벌겋게 일렁이고 철벽으로 눌린 듯 소리는 없다 곧게 구불구불한 길은 희미하게 찬란하고 목이 말라도 오아시스가 가물었다 묵빛으로 나부끼는 광목 끝없이 젖혀도 나부꼈다

알전구 위 깨질 듯 뜨겁다 그리 외길이었고 손잡아주는 사람 없다 나는 그리 가야 하여서 혼자였다 목주름은 가끔 우기의 들고양이처럼 떨었다

꿈결인 듯 보았다는 내 뒷모습이었다
따로 같이 걸어온 네 뒷모습이었다

오수

소금막 모래금을 따라 곧장
북회귀선을 그어 곧장
바람 속도로 따라 돌면
뫼비우스띠로 꼬였던
내 절망의 뒷덜미 따라잡을 수 있을까

내가 나를 용서하지 못했던
불면의 날들 까맣게 익어가고 있을까

고갱의 여자들이 저녁을 짓는 나무 밑
굳어진 마음 한 끼 밥 생기로
되 피어나기를

선잠 든 잠깐
몇 바퀴째 돌며 돌아본
미련한 날들

팽형

용가리만 한 무쇠솥 걸고
거짓으로 불을 때길래

구부러진 혀로 이웃을 기망한 죄
거친 붓으로 시비를 흐린 죄
야릇한 분별로 편 가르고 치고받은 죄
나라말 오독으로 팔조법을 모독한 죄
퉁방울눈 판관 형리가
낱낱이 죄를 캐길래

무심코 보니

푹 삶아 죽인 척하는 형에
살아도 죽은 척 살라는 벌에
이름 석 자 잘난 사람들이
하나같이 흙빛입니다
굴비 두름 엮여 끝없이 들고나는
얼굴이 하나같습니다
〈

아뿔싸, 하나같다고?

천하에 몹쓸 화상이
다 내 얼굴입니다
평생 빌어먹은
내 팔자였습니다

몽유

이 작은 숲은 성채의 주인 같아서
볕이 가늘어지면 서둘러
푸른 깁을 걷어 올리고
나무 나무 사이를 묵빛으로
감아놓는다 나비들도
깃을 접고 뿌리들의
호흡만 깊어지는 시간

나는 순순히 숲으로 올라가
이 견고한 DNA의 어느 마디를 끊어내야
나는 날 수 있는가

자해한다

반딧불이가 구원처럼 빛나고
나는 염기서열의 미로에 갇혀
결국 고꾸라진다

다시 몽유의 세상에 내치어

영원처럼 쿨렁이는 기시감에 잠길 것이고
어느 DNA를 포기하랴, 다시 슬퍼지겠다

병은 깊었고 몽유의 날들은
차라리 찬란하여서
나는 많이 아프다

동사섭

해우소 매화틀에 쪼그려 앉아
내 심장에 실금 하나
왜 자꾸 피가 새는지
알아야겠습니다

배롱나무 배롱배롱
가파른 숨 목어 한 마리
법고 소리에 둥둥 멍드는 까닭을

하루 세끼 동물성 장애를 못 벗고
오신채 밥그릇을 두들기는
이 하찮은 껍데기가

어느 쓸모로 엎디어야
밥값일지 알아야겠습니다

한 달 살이

말이 말 같은 마을에서 짐을 풀고 싶다
푸욱 퍼질러 한 달 열흘 묵고 싶다

홍역에 볼살이 터지던 날 엄. 마.
간절하게 목숨 내어 간절하게 외쳤던 만큼

말 한마디 내려면 천 냥 빚을 지는 마을에서
뜬소문들은 푹 고아 개나 주고 싶다

겨우내 사려두어 사리처럼 맺힌 말
반딧불이같이 떠오르거든

혈서 쓰듯 꾹꾹 눌러
풀잎편지 한 장 보내고 싶다

초록나무 흙화분 계단에 서서
너만큼 키가 크고 싶다

수목장

어찌 강물에 뼈마디를 흘리랴
떠돌았거니 꼿꼿이
저 비탈진 언덕에
직근으로 내려서자
푸른 몸을 다시 입으리니

허혈성 세포로 비틀거리던 시간은
그만 잊자 물 한 잔 내주고
덜컥거리던 빈 그릇의
시간은 그만 잊자

치렁치렁 고단했던 등줄기에서
푸른 순이 돋고
이십사 자모 밖의
식물성 화술과
푸른 눈

잊혀질 리 없는 별리
〈

삼만 광년쯤 어느 새벽녘에는
너와 뿌리에서 뿌리로 만나는
푸른 등 하나도 켜지리니

어찌 거친 강물에
너와 나의 한 생을 흐르게 하랴

헛꿈

땅강아지가 마천루 사이를 겨우 뛰어간다
고들빼기 들꽃밭이다
풀달팽이 도채비꽃 한 잎 겨우 건넜다

헛꽃 위 잉잉대는 꿀벌 정강이
나는 꿀을 핥듯 꿈을 꾸었다

생명운 재물운 손금을 비벼대며
몇 번씩 건너뛰었던 도시들과
밥때도 없이 구걸하던 식은 찬들과
종점에 서면 그제야 떠날 생각이 들던
비루한 이력을 펼쳐놓고
가장 강력했던 비행운을 바라보았다

켜켜이 땅강아지와 풀달팽이의 무덤
이 보드라운 안식 위에
나는 고맙게도 등을 누인다
〈

몇 줄의 이력을 소거하고야 나는 어쩌면
땅강아지와 풀달팽이만큼은 되었다

투병일기

1. 암꽃

무엇이 참다 참다
터져 나온 걸까

육십갑자 한 세월
억울한 일이거나
열 근쯤 무게
죄이거나

무한증식의 분사
이토록 고요한 살육에
세포 하나하나
짓이겨지는 새벽

암꽃이 피었다네
병이 깊다네

2. 야간병동

그 어른은 삼재를 말하지만
귀신 탓은 아니고요
분 넘치는 생 엇셈하려면
이만한 병쯤 갚고 가야지요

린넨 커튼 가리고
어제만큼만 아프게 해달라고
오장육부에 내리꽂힌 수액 줄을
부여잡는 밤

3. 꽃소식

폐병동 말기암 노인이 쿨럭이며 지나간다
간호사가 느릿하게 비껴 지나갔다

그의 남은 생이 비말의 무게로 떠올랐다

아내가 내 손을 가볍게 그러쥔다

텔레비전 수상기가 봄이 왔다고 한다
오래된 민담 같은 산수유꽃을 보여주었다

4. 공부

약 들어갑니다, 대취하여 수술대에 올랐다
암꽃 핀 붉은 속살 도려내며 깜빡 자는데

나안이 깊어졌다
산이 돌아눕는 소리가 들렸다
아내는, 두 달 서른 번 방사선 피폭과
넉 달 여덟 번 독주사 탓
신체발부 걱정이 태산인데

돈 오 돈 수
공짜로 얻어먹은 것 같아

탁, 무릎을 쳤다

5. 백목련

백목련 낮을 밝힌다
백촉 밝기 봄마중

백목련 낯을 붉힌다
화촉 홍등 님맞이

어젯밤 독한 기침 다 나았어
어제 아팠던 사람 다 나왔어

외래병동 쪽마당서 친견하는
가시면류관 예수

6. 생존율

꿀벌이 저들끼리 놀다 저답게 잉잉댄다
멧비둘기가 버릇대로 까딱까딱 고갯짓이다
직박구리는 찌익찍 또 반말이다
정씨, 괜찮다지?

삼 년 오 개월 일곱 번째 검진을 마치고
오 년 생존율 칠십오 퍼센트를 찍고
공손히 뜰에 읍하고 섰다
십수 년째 셋집 내주신 세대주들께
차례차례 아뢰는 중이다

혈액종양 간기능 수치 정상
백혈구 적혈구 혈소판 수치 정상
하복부 흉부 CT 다 좋다네요

더 살 만하답니다

새마을
― 북방소년장성기 1

잘 살았어요
파란 슬레이트 새마을 지붕처럼
타마구 신작로 노랑 금처럼
사방 나무 심어진 비탈길
아카시꽃 꽃밥처럼
폐병 환자 처녀거지처럼
말라가던 얼굴버짐처럼

점사를 보러 다니는
배교자들과 유월절에는
어린 양 찬송을 불렀어요
가을 태풍이 오고
가뭄은 길었는데

장리변 백원 지폐처럼
전도관 벽돌 외벽처럼
산뜻하게 단호하게

아메리카 냄새
- 북방소년장성기 2

훈민정음을 깨치면서 거룩한 영어 갓 뎀도 배웠다 눈 파란 양키 장교 어린 딸을 꾀려 초인종을 누르면 매미가 울었다 파벽돌 집 간유리에 담쟁이 손이 출렁이는 걸 두 살 아래 곱슬머리는 서양 귀신이라 우겼다

이모들은 스무 살이 차면 댄스홀로 시집갔다 곱슬머리는 손톱이 긴 어린 엄마와 골목을 떠났고 우린 진종일 눈깔사탕을 빨았다 운천극장 소각장 페퍼민트 껌종이에선 아메리카 냄새가 났다

우린 의정부 다음이 아메리칸 줄 알았다
가칼봉 너머 동해보다 가까운 줄 알았다

곱슬머리동생이 정말 정말
아메리카로 살러 간 줄 알았다

쏘롱 아메리카
― 북방소년장성기 3

아메리카여 쏘롱! 바람난 아메리카여
혈맹은 헛사랑 수수깡처럼 허탈하구나
철갑여단과 강철포로 맺은 언약은
목덜미에 희미해져 가는 키스마크
댄스홀 이모들은 양담배를 내던졌다

낡은 달러의 왕국이여! 굿바이
바람 빠진 아메리카여
들창이 깨진 재즈바는 버림받은 궁전
마지막 철군 트럭이 떠나자
월남군번 삼촌들은 갈고리 의수로
네온간판을 내렸다

북진군단 쇠탱크가 남하한
진창길엔 금세 들개가 끓었다
만국기를 내린 운천시장 사람들이 떠나고
학부형들은 전학 자리를 알아봤다
허기진 겨울비가 자꾸 내리고
조선인민민주주의공화국에선 자꾸

선전삐라를 뿌렸다

　　아메리카여 갓 블레스! 아메리카여
　　우린 빨갱이 탈을 겨냥해
　　무찌르자 공산당
　　때려잡자 김일성
　　죽어라 오자미를 던졌다
　　대남방송이 코앞에 들이닥쳐도
　　굴참나무 이파리 철모를 굳건히 쓰고
　　미 제7사단 기갑부대의 퇴각을 사수했다
　　북위 38도 광활한 주둔지를 사수했다

방학식
- 북방소년장성기 4

갈탄이 타다 오전반 분교는 끝났다
보리빵을 품고 가시는 곳 월남땅
군가를 부르면 헛배가 불렀다
풍금은 가끔 포성에 묻혔다
침 마른 울대에서 파음이 흔들렸다
전학 간 빈자리는 교통호
암구호도 없이 냉기가 들락거렸다

북방 들에 젖은 눈이 내려
지포리행 신작로가 어둡기 전
개근상을 말아쥐고 내달렸다

한 학년을 먹고 겨울잠에 든 산은 높았다

이력
― 북방소년장성기 5

선데이서울을 사러 내려가던 비탈길 구둣방
쇠창살을 꽂은 이층집 덩굴장미 사이로
피아노 소리가 들렸고 경향신문 절대사절
붉은 벽돌집은 봄마다 여주인이 바뀌었다
조숙하지 않은 아이들이 석간신문을 돌렸고
삼천리연탄까지 뻗어 있는 역청 지붕 위엔
살인사건의 소문이 먼저 배달되어 있었다
막 환갑을 넘긴 가장들은 화물역 아래
예식장에서 아빠의 청춘을 불렀다
초등학교 시멘트길에 더러 젖은 눈이 내리면
시골집 번지수를 자꾸 까먹었다
파래김을 비벼 끓인 새벽밥이 기억나지 않았다
단칸 셋집에는 정보과 손님들이 자주 찾아주었다
다락방 낡은 책갈피를 열심히 뒤져 읽으며
태백에서 떠난 탄차가 올 때까지 나를 기다렸다
봄이 지나기까지 연애를 하고도 실어증을 앓았다
괘면지 한 장 일기를 끝내 못 채웠다

서울의 봄
– 북방소년장성기 6

서정시 한 편이 덜컥 걸렸다 양과자를 먹으며 악어걸음으로 모여들었다 검열은 의협적이었다 상승무공을 시전하듯 빨간 펜을 돌렸다

어둡고 쓸쓸한 음성모음들이 적성으로 몰렸다 밀서처럼 품고 온 대판 8면 납활자들이 서정적으로 찍혀 나갔다 꽃샘추위 봄 눈발이 날리는데 완장을 찬 위관장교는 뒷짐을 졌다

벌겋게 피를 흘리는 서정시를 들고 성공회 길을 거슬러 뛰었다 서울의 봄은 몹시 서정적이어서 우리는 서정시를 다시 배웠다 서울시청 대학신문 검열관실에는 계관시인들이 떼로 살았다

오월이 오면
- 북방소년장성기 7

모음이 따라붙기 전 반치음 산산이 부서져
잇몸이 욱신거린다 실어증이 도진다

무림산다방 골방 언니는 일부러 배달을 나가고
암막을 치고 우리는 비디오를 틀었다
낮말은 새가 밤말은 쥐가 듣고
새나 쥐가 사람말로 고자질하던 시대였다
정의사회 구현과 정의구현사제단이 헷갈려
NTSC 방식 VHS의 저열한 화질을
한참 동안 국방홍보 필름으로 오독하고선
우리는 청자를 나눠 피었다

폐결핵을 앓은 흔적처럼 실어증이 도진다
허옇게 굳은 결절이건만 쿡쿡 가슴이 쑤시고
모국어를 배운 기억이
허옇게 지워진다
오월이 오면

아름다운 슬픈 점방

    무라카미 하루키가 사천오백 원에 나와 앉았다 시집 한 권 값이면 그래도 국밥이 한 그릇 절절했던 유명시인의 섬 얘기도 섬처럼 우두커니 나와 앉았다 참으로 다행 시 한 편 삼만 원보다 한참 미천한 오천 원 어느 무명시인의 초판 1쇄보다는 나았다 오십 편의 시가 오백 원

    세네카 1센티 백이십 쪽도 품지 못하는 여자 남자의 집들은 어느 방위일까 어느 하늘로 창을 내는 집일까 불편하게 꽂아두었을 우아한 교양의 유통기한은 냉장일까 냉동일까 한 편에 십 원꼴 이별시 한 편 들추다 끝 연에 각혈처럼 번진 불면의 눈물자국 나는 차마 못 보았다

    이만 원에 유명 무명 다 훑어 담고 단발머리 점원 아가씨 알아볼세라 얼른 시집 한 권 뒤집는다 당당한 스티커 오백 원짜리 바코드도 없이 그냥 나눔, 내 시집 한 권 냉큼 쓸어 담는다

3부

야단법석

삼월 사리 갯늪
어디만큼 흘렀나 장다리꽃
목 내밀고 있구나

세 봄 지나 돌아온다는 사내
어디만큼 왔을까 딸기꽃
귀 대고 있구나

동백꽃 진 자리
잠시 머물다 민들레 꽃씨
날아오를 참이네

가만가만
다들
여러 생 머물다 갈 기척이여

이리
슬쩍 바짝 훌쩍 야단난 거여

대춘부

봄이란 타작마당이지
묵은 것 죄다 끌어모아다
묵은 죄 낱낱이 묻지도 않고

시원하게 물 한 바가지 끼얹는 거지
겨우내 살아남은 독기도 채 썰어
저 설산 잔설 더미에 묻는 거지

봄이란 깍듯하게
이름 하나 골라 남기는 거지
세상에 사람이 나고
너와 나 사이 메아리치던
처음 대명사

순정의 씨눈 하나 지상으로
되불러 올리는 거지

해빙

바닷말들 깨어 갯늪 외등대
가만히 흔들고 있다

먼바다 돌아 손 곱은 고깃배
사내 곁에서 볕을 쬐고 있다

삼성당 라이너 마리아 릴케가
속절없이 졸고 있다

가마우지가 몇 번째 봄 바다
정강이를 쪼고 있다

허리 시린 사내 깰 듯 깰 듯
가만히 기울고 있다

식구

오래 굶은 뒤라
서로 밥이 되어주고 있다
말오줌때 이른 순과 산당화 대궁이
고봉밥으로 내미는 아릿한 향이
내 차례까지 왔다

모른 척하다
터져야 봄이어서
서로 피고름을 핥아주고 있다
서로 잊어졌던 기억을 기우고 있다
이만한 거리로 가까웠음을

긍휼의 시간이다
춘란도 슬쩍 피었다

봄까치꽃

까치새 날아간
동백꽃 봄그늘 부럽다가
저도 물색 고운지라
봄 다 지도록
피었다는

큰개불알꽃으로 모시던
어둑한 시절에는
밤마을 밤개들이
봄달 다 지도록
자지러졌다는

그리하여 서귀포 칠십 리 돌바닷길이
저리 곱상한 별밭인 게지

꽁꽁 싸매어도 들키는
짝사랑 볼빛인 게지

순비기꽃

용암불 꺼진 후
정수리까지 식은 후
불못 끄트머리에 피는 꽃

불구덩이 같던 사랑도
그저 다녀가는 것

당신이 다녀간 내 심장에
마른 파도 부서지는 날

푸른 비는 그치지 않고
시든 꽃대 보랏빛 위로
바닷새들마저 떠나고

다신 아니 올 것 같은
당신 닮은 바다 꽃

딸기꽃

거기
페르마타 한 박자 더 늘일게요
겨울비야 위장한 봄비야

점사로 내리꽂히는 포물선
들고양이 꼬리에 되 튕기는 위험한 알갱이들

엎드렷 낮은 포복으로 피해 갈게요
교통호를 녹여 겨우내 기어 피는 줄기꽃
뿌리 하나에서 산개하는 도돌이표
약진

거기 앞줄
세 번째 꽃 반음 내리세요
만화방창하게 화음 하는 이 절기의
백군들

등대풀꽃

독한 미련
떨쳐 놓았으면 되었지
벼락 치듯 내치곤
뒤돌아볼까

외등대
봄 천둥까지 차마 못 놓아
푸드등 등대풀꽃
저리 지려 놓았네

풀꽃으로 오는 사람아

오월 한 날은 너희 잔치를 먹어줄게
한자리에 다 불러 먹어줄게

고들빼기가 태어났다 뽀리뱅이가 태어났다
방동사니가 태어났다 달개비풀이 태어났다
제비꽃 질경이 쇠뜨기 달구지풀이 태어났다

혼불 일렁이는 초록 언덕에 서서
너희 덕에 핏물 든 기억을 덮는구나
뼈가 꺾이고 피톨이 튀던 기억을 견디누나

너희 생일잔치를 먹어줄게 고들빼기 뽀리뱅이 방동사니 달개비풀 제비꽃 질경이 쇠뜨기 달구지풀 밟아도 밟히지 않는 꺾어도 꺾이지 않는 너희 이름으로 잔치를 먹어줄게

풀 하나 풀꽃 하나로
다시 와준 젊은 사람아

어느 귀환의 방식

새들이 사무치는 방식은 침묵

아흔아홉쯤은 묻었다
개흙 같은 남지나해
타르처럼 쿨렁이는

쇄빙선의 콧날처럼 부리로 각을 세우고
가쁜 숨은 절체절명의 모스부호였으나
날아오르던 때의 연대는 복이었다

삐이, 우두머리가 선회비행을 하고
살아남은 자들은 깊게 꼬리깃을 내린다

제비 새들이 사무치게 침묵하는
선명한 진혼의 시각
나는 한마디도 못 거들고
우두커니 턱을 받치고 섰다

감나무

 개똥을 떠넣는다 바람 든 하귤도 썩으라 던져놓는다 직박구리 똥 지려놓고 동박새 코를 풀고 간다 주인놈이나 한 지붕 새 가족이나 얌통머리 없이 감나문 똥 먹고 산다며 여적지 저지른다

 울집 감나무 감꽃을 보아라 연두곤지 찍고 홍등 켜질 때 가만 기둘리는 수줍음을 보아라 감잎을 보아라 반짝이는 비늘로 가을볕 그늘막을 치고 하룻저녁 노을로 깡마른 자진을 보아라 잎맥을 삭혀 과실을 키우는 부정을 보아라 단감알들 허옇게 분 바르고 저리 야무진 육덕이여 잘 자란 보람을 보아라

 울집 감나무 까치밥 여남은 개 솟대로 세우고 늙은 성자처럼 서 있다 평생 똥 받아 치운 음덕으로 여적지 수복강녕하시다

파랑주의보

그리움이 깊어 바람도 비가 되는 곳
꼿꼿이 서서 울 수 있어야
바다 성산포로 온다

때는 못 견디게 푸른 파랑주의보
그리움이 깊으면 삼층천이 열려
미친 듯 흔들리는 찔레꽃빛 해무

성산포 우뭇개에 끝내
울어야 사랑인 여자 사람의
한낮

용오름으로 솟구치는
첫 숨비소리

풍장

수의 한 벌로 개켜진
무명씨의 모진 풍상
찔레꽃으로 마르고 있다

생몰년이 삭아 내린 비목
깡마른 지문 위에
향화로 피어오르는 물보라

푸른 바닷새 떠오르는 잠시
젖은 세월 짐 져온 견갑골 부스러기
푸르게 떠오를 잠시만이라도

이어도여
우리는
기다리기로 하자

순환소수적 이별

오고 가고 만나고 떠나고
회자정리 거자필반은
말하자면 순환소수인 거지

너와 나 사이 한없이 벌어져 비루한 거리
1과 9가 반복순환하면 너 견디겠어
미치도록 지독한 애증의 삭은 냄새가
다시 그 거리인 채 무한순환하면 너 애닯겠어
그래서 우리 달랑 털어버리자는 거야

$0.191919\cdots$를 x라 하면
$x=0.191919\cdots$
등식의 양변에 헤어질 결심
100을 곱하는 거지
$100x=19.191919\cdots$
여기까지 되었지
$100x=19+x$이므로 x를 이항하면
$100x-x=19$ → $99x=19$
〈

그러므로
$x = \frac{19}{99}$

가파른 이별일수록 압축하길 바라
진분수 하나로 소거하는 거지

$\frac{19}{99}$ 로 털어버리는 산뜻한 결별

독백, 사랑을 놓치고

무언 소린가 했지
립스틱 지워진 입술로 낡은 여자
술청 토막의자에 기대
물고 빨고 핥아준다고 사랑인가요
사월 곡우 비에 배꽃 구르는 소린갑네 하였지

사랑을 놓치고 잊어진 여자
연극배우의 독백이 생각나는
버즘나무 아래 나는 알아들었다
물고 빨고 핥으며
헉헉거리는 게 아니었음을
사랑은 스타카토나 절륜남의 심박동이 아니라
메트로놈 육십의 게으름으로
지겹게 굿거리장단으로
바리데기를 싣고 흘러가는 검은 강
희미하게 물러나는 늪안개처럼
반음만 어긋나도 다시 처음
소리꾼 열두 마당 판소리처럼
사랑은 끈적한 타액보다 가락이 절대임을

암연 같은 이별가에 코인을 넣고
버즘나무 아래 나는 훌쩍거렸다

무언 소린가 했지
물고 빨고 핥아도 다 주지 못한 물새 한 마리
허옇게 이어도로 밀려가는 다섯물때
내가 놓친 사랑 당신 뒷모습인갑네 하였지
한 박자 끊지 못한 나의 배냇짓인갑네 하였지

유행가만큼도

역전 리어카 유행가만큼도
나는 사랑하지 못했네

척살할 매국오적 수배 전단도 아닌데 내가 속 뒤집어 놓고 온 여자, 못칼을 던지며 이를 갈겠네 내가 지칠 틈도 없이 잊어진 여자, 용하다는 무녀한테 부적을 사들이겠지 삼재를 넘기고 새치를 고르며 저녁 열차표를 끊을 거야 정동진 소나무 같은 데서 서성이다가 잘 빻은 뼛가루 뿌리듯 내 얼굴 묻고 오겠지

사랑하는 당신이 울어버리면 난 몰라 난 몰라
아니 아니 나도 따라 울고 말 거야

사랑은 어쩌면 유별이 아니라 유치한 것
장 그르니에 서정문장의 고백보다
내가 더 좋아하고 말 거야, 떼쓰는 것

솜과자 하나 들이밀지 못하고
볼 빨간 홍옥 하나 쥐여 주지 못했지

안개꽃 너머 눈물 훔치던 너 따라 울지 못했지
내 먼저 울어주지 못했지

저녁 열차 개찰구 앞에서 따라가지 못했네
삼패기생 젓가락 장단만큼도 사랑을 몰랐네

내 생이 사흘만 남았다면

첫째 날은 그리워하고
둘째 날은 그리워하고
셋째 날은 그리워하겠습니다
그리고 마지막 날숨을 모아
당신을 외우겠습니다

내 생의 치매로 강과 산과
머물던 집들은 흐릿하나
금강초롱 닮은 당신 온기만큼은
당신이 가르쳐준 저녁노래만큼은
푸른곰팡이로 슬어지도록
외우겠습니다

기억은 때로 외길에서 무너지는 연기 같은 것
가령 청평사 같은 데서 별이 뜨는지
동시상영 나무계단 첫 키스와
후미진 개나리숲 비누냄새의 두근거림과
육십 촉 전등 단칸방의 연탄가스와 가끔
떠나던 명사십리행 완행버스의 흔들거림과

〈
아아 흔들거리며 저며왔던 어느 세월은
꼭 한 장 수채화로 외우겠습니다

ABOUT
4부

겨울 점묘
- 파주기행 1

접경지역 길 한 줄
벌거숭이 산 한 줄 사이로
겨울 임진강 깊게 흐르고
탱탱한 평행을 깨고
겨울새 부리 가로지르다

보리빵 냄새나는 논두렁 너머
북진군단의 쇠탱크들
어슴푸레 지나가고

겨우겨우 해 지는데
무국적의 노을은 몰려왔다

샛강에 서서
– 파주기행 2

어찌하라고 묵은 별은 강에 내려와
어찌하라고 샛강에 뼈를 묻는 것이냐

나의 정처를 묻는 푸른 갈대들아
수목장으로 길게 누운 이름들 곁에서
슬픈 안부를 묻고 돌아가는
실향의 구름들아

도깨비불 일렁이는 해 어스름
서러운 비명들 함께 풀어져
파주땅 얼음강 한 뼘이나
부풀어 흐르는데

내 녹슨 뼈마디로
세우는 비목쯤이야
어찌하라고

경모공원묘지
– 파주기행 3

겨울묘지 어귀 헝겊꽃다발이 오천 원씩 들려나간다

처아버지는 평생 한만큼 멀미가 심해
파주땅 묘자리 언덕을 처벅처벅
짐자전거로 다녀가셨다

아랫강 서릿발이 지전처럼 돋아나던 날
사십 년 이산은 이북5도민 동화은행
증권 증서처럼 시들었는지
학생울진임공지구 명정을 덮을 때도
평온했다

굴다리서 촬영소 언덕마을까지 소문난 배관 솜씨
처아버지는 평생 주인집 소리를 들었는데
지방 써 내려가듯 이산의 이복형제들을 일러줄 때
딱 한 번 서럽게 엎드리셨다

둘째 사위 진양 정씨 묘비석 말째 줄
내 이름까지 짚어주고선

경모공원 관리소 아가씨는 창밖을 내다보았다

쑥부쟁이 보랏빛 강노을이 지고 있었는데
누구의 호명도 없이 강 건너로 떠난,

처아버지 하늘자전거는
어디쯤
구르고 있을까

국방색 봄
- 파주기행 4

삼팔선 이북 수복지구의 봄은 국방색이에요
 소총과 탄띠를 널어놓고 이등병들은 등을 말리고 있어요 팔호 마을 목화꽃은 언제 피든가요

 뇌신 먹은 듯 기억은 자꾸 팔랑거려요 지하다방 재털이 운세종이처럼 제멋대로예요 신생 민주주의는 보리빵 냄새가 났어요 갈탄난로가 다 타기 전 우린 국민교육헌장을 외우다가도 덩달아 미 제7사단 쇠탱크들을 마중나갔어요 깁미 초콜렛 봄꽃처럼 유창하게 평화를 찬미하던 봄이었는데

 캠프 그리브스 터 강다리 끝에 서면

 간절기 버짐꽃을 활짝 피우고 검정고무신 새다리들이 달려 나와요 자꾸 접질려 아이들은 쓰러지는데 자꾸 안개처럼 흐릿해요 파주의 봄도 그때처럼 국방색이에요

심가 처녀의 소원
  - 파주기행 5

심가 처녀가 공양미 삼백 석을 바친, 저울로 달아
이십 킬로들이 이천 포대쯤, 은금 천 냥 목숨값으로
봉사 아비 눈 뜬 일은 아주 옛적이고

임진강둑 경계 철망을 서푼씩 끊어내어
비티에스 브랜드 통일반지로 만들어 판다면
물 팔아 팔자 고친 선달 노릇보다 웃길이고
울 아버지 천지개안처럼 둑 터지고 길 열리는
도깨비방망이 신통한 일일 것 같아

심가 처녀는 오늘
교하 땅 샛강에 나앉아 섬뜩하게
생각 중이다

통일전망대
― 파주기행 6

전망대 가는 길 응달진 비탈길
은사시나무 가슴께 퍼런 멍들
순결한 기호 태극기는 마구 펄럭이고

먹장구름이 내려앉은 샛강에
혁명 러시아 백군 군가처럼
유통 끝난 이데올로기들 흘러가요
선전공작대 같은 목청으로
저녁비가 내리는가
오두산은 평화통일을 외치고

북으로 굳이 흐르는
저 샛강 좀 보아요
망향단 향 재는 죄 씻겨 내리는데
부득부득 북으로 가는
퍼런 멍들 좀 보아요

화무십일홍

망하는 게 왕조뿐이랴
망국의 쓸쓸한 폐주뿐이랴

뿌리까지 떠 손 쓸 길 없는
몸이 말을 안 들어 쓸쓸한 나는
민주시민을 버리려 사직소를 쓴다

율사야 법괴야 문장들아
반가의 자식들아
광화여 북악이여
정변과 파천과 경장의 화를 기억하라
사화와 사변과 이궁의 업을 기억하라

혁명의 피로 씻어내린 옛 경무대
서까래와 다문 입 해태까지
무당 박수 술객의 침이 튀는구나

바리데기 살풀이 망나니 칼춤 따위
귀신의 일은 사직을 찍어낼 수 없나니

입술마저 부르터 쓸쓸한 나는
일거 항쟁의 격문을 쓴다

망하는 게 어디
오사리잡놈뿐이랴
화무십일홍의 꽃상여 타고
시드는 게 어디 왕조뿐이랴

피맛길

냅다 뛰어들어야 사는 골목
물렀거라 말고삐 호령에

박석김 이최정손배설 천방지축마골피
부여 흑치 선우 남궁 독고 사공
사대문 안 조선팔도 백성이
금홍 소옥 설매 앵무 비취 운정
운종가 나들이 일패 기녀들이
육전거리 기웃기웃 딸깍발이
보부상 갓바치 물장수까지
몸으로 부대끼어
민주주의가 되는 골목

사월과 오월 혁명의 시절엔
엎디어 헌 데를 핥던 너희
파루를 기다려 목을 축이고
누 떼처럼 달려나가던
너희를 위해
깊은 산그늘을 준비하던 골목

〈
취기와 지린내와 적개심까지
대로를 호령하지 못한 쑥덕거림까지
갓길로만 살아온 모리배 잡인까지
냅다 뛰어들어 도피성 소도가 되는
한양성 큰길가 피난터
운종가 만백성 피맛길

장타령

거시기 국민참여재판이라고 있듯이
노동자 농어민 천만 민중 힘으로
보물 국보 정하는 걸 바꿔볼라는데

보성총각 박부들이 휘젓던
노량싸움 판옥선 노 한 자루
고부아재 김갑돌이 내치던
황토재 사자후 죽창 한 자루
하도리 잠녀 춘화 옥련 덕량할망의
항일 자존 호미며 비창이

거무튀튀 반가 왕조의 금붙이 돌조각보다
맨질맨질 당초 모란 포도 그림 항아리보다
귀하고 중하기가 한참 낫다는 생각에

거시기 나랏님 나리들께
신문고라도 쳐볼라다가
대의민주주의는 과연 엄중하므로
이번에 지가 손나발을 불어보는데

〈
한반도 십만팔천 섬과 포구
들판 산판 저잣거리 살판에서
다 모일라치면 매우 혼잡하오니

그냥 거기서 손 한번 번쩍 들고
퍼뜩 박수나 한번 쳐주시지요

수송동 입춘 즈음

청춘 모녀의 생강나무 노란 웃음이
빙글 한 바퀴 쇠판 속에서 익어 나왔다
황금잉어 펄떡이는 세 마리

생강나무꽃보다 샛노란 소녀 딸이
봉지를 건네는데 한 마리가
그만 봄을 보았다

옳거니 어변성룡인 게야
생강나무꽃을 밟고 올라선
용머리가 꿈틀대었다, 그저
가늘게 눅진 바람이었을까

열차집 틈길을 이무기처럼 지나치는데 근본주의자들의 비루한 등 뒤에도 다들 간난하다는 도회의 흡연터에도 그만 봄이다 덮어도 덮어도 흉흉한 소문에도 자그만치 봄이다

서울쥐 시골쥐

겁나요 석삼년 만에 서울 갔다가
창백한 가면을 쓰고 액정과 교접하는
집단 실어증의 파리한 핏대
씨족이 다르면 무찌르고 보는
이진법의 비정에 베이고
홀로그램 화폐 바알 숭배와
카페와 시장과 소파 위에 떠도는 말과
모음이 떨어져 나간 단말마의 낙담과
옆구리를 쑤욱 쑤시고 들어오는
낯선 예법에 간이 떨려

 안녕, 감자 한 덩이 파먹고 살아도 비밀의 숲 몽유의 바다가 낫다고 벼락같이 돌아왔다는 그 말씀입니다

■□ 해설

궁휼의 시, '작은 저녁'의 회복을 위하여

전해수(문학평론가)

　정희성 시인의 아토포스는 서귀포와 충무로 그리고 대학로로 거슬러 간다. 대학로는 어린 문학 소년이 막 알에서 깨어나는 영혼의 순수함으로 "담채화 닮은 시"(이하 「시인의 말」 참조)를 열망하던 학창 시절이 답보되어 있다. (정희성 시인을 처음 알던 시절이 바로 대학로 마로니에 등나무 아래였다. 바야흐로 삼십팔 년이 지난 까마득한 시절이니 새삼 인연의 깊이에 절로 숙연해진다) 반면에 충무로는 시인의 "스무 살이 내건 대자보"가 "절규"와 "직설"과 "겁 없이 분노하는 거룩"으로 충만하던 장소이다. 국문과 학생이 잡지사 편집장과 문학을 가르치는 교수가 되어 문학으로 온전히 밥벌이를 하던 때라 할 수 있다.

그런데 '서귀포'는 시인이 서울살이를 청산하고 귤나무를 기르며 농부로 살고 있는 '뒤켠'이 호젓하게 살아 숨쉬는 곳이다. 이번 시집 『중섭 아재처럼』은 서귀포가 시인의 정신적 의지 처이자 자신을 온전히 비워내는 공(空)의 장소임을 확인할 수 있다. 아울러 이번 시집 『중섭 아재처럼』은 정희성 시인이 암과 격렬하게 싸우며 내놓은, 시업 30년의 결정판이다. 인생을 관조하며, 지금껏 아껴 담은 "담채화" 빛 서정시로, 가득 채워져 있는 시집! 시인은 『중섭 아재처럼』을 통해 "눈물"로 풀리는 "작은 저녁"의 서정성을 노래하고 있다. 시(詩)여! 그에게는 "부르튼 발을 씻기는 놋대야"와 같은 것이 바로 진정한 시(詩)이다.

       서귀포 흙벽집 귀퉁이
       애기솥 하나 걸고 살던
       가난뱅이 화가 중섭 아재

       손바닥 은박지 서러운 도화지에
       서귀포 앞바다 몰아넣고
       산 만한 황소도 치닫게 하던
       〈

배고픈 아이들 다 불러 모아

천진난만 떠먹이고는

털게 사이로 아이들 사이로

한바탕 봄바람 들썩이게 하던

그 신묘한 명필처럼

시 한 줄로 목숨 하나

보듬어 줄 수 있다면

- 「중섭 아재처럼」 전문

 위 시는 시집의 첫 자리에 안착한 시이자 시제(詩題)로 사용되었다. 그러니까 「중섭 아재처럼」은 시인의 시의식이 집약되어 드러나 있다. 긍휼의 시! 서귀포 흙벽 집에 살던 가난한 이중섭 화가와 시인이 오버랩 된다. 그들이 서귀포에서 품었던 것은 가족애와 예술혼이었다. 이중섭이 그랬던 것처럼 가난과 외로움은 단지 서러움에 머무는 것이 아니라 신묘한 예술을 탄생시켰다. 그렇다. 서귀포는 아토포스 이상의 것, 긍휼의 시간을 품고 있다. 이중섭이 은박지에 그려 넣은 황소처럼, 정희성 시인은 "시 한 줄로 목숨 하나" 건사하는 시를 갈망하고 있다.

> 오래 굶은 뒤라
> 서로 밥이 되어주고 있다
> 말오줌때 이른 순과 산당화 대궁이
> 고봉밥으로 내미는 아릿한 향이
> 내 차례까지 왔다
>
> 모른 척하다
> 터져야 봄이어서
> 서로 피고름을 핥아주고 있다
> 서로 잊어졌던 기억을 기우고 있다
> 이만한 거리로 가까웠음을
>
> 긍휼의 시간이다
> 춘란도 슬쩍 피었다

- 「식구」 전문

'긍휼'은 어느새 시인에게 접신된 모습이다. "오래 굶은 뒤"의 "서로 밥이 되어 주"는 "식구"는 "긍휼의 시간"을 건너고 있다. "긍휼의 시간"은 "봄"마저 "서로 피고름을 핥아 주"는 순간이 된다. 그런데 "말오줌때 이른 순과 산당화 대궁이/ 고봉밥으로 내미는 아릿한 향"이라니! 다가올 모든 죽음은 "식구"가 맞닥뜨릴 제사상을 연상시킨다. "내 차례까지 왔다"의 표현에서 시인이 투병으로 견뎌온 인고의 시간과 이를 담담하게 마주하는 절대시간이 느껴진다. 위 시에서 "춘란"은 춘몽(春夢)처럼 인생의 허무를 싣고 피어나 있다.

    해우소 매화틀에 쪼그려 앉아

    내 심장에 실금 하나

    왜 자꾸 피가 새는지

    알아야겠습니다

    배롱나무 배롱배롱

    가파른 숨 목어 한 마리

    법고 소리에 둥둥 멍드는 까닭을

    하루 세끼 동물성 장애를 못 벗고

오신채 밥그릇을 두들기는

이 하찮은 껍데기가

어느 쓸모로 엎디어야

밥값일지 알아야겠습니다

－「동사섭」 전문

 위 시에서 "해우소"에 앉아 "가파른 숨"의 생명(화자)이 어떤 밥값을 할지 궁리 중인 모습은 "동사섭" 즉 온몸으로 겪는 실천을 통해 고통받는 뭇사람들과 희로애락을 함께 하려는 수행과정을 대신한다. 시인에게 "밥값"은 자신이 병마와 싸우며 깨닫는 "하찮은 껍데기"일 뿐인 몸을 마주하며, "밥값"마저 "쓸모"로 "값"을 쳐야 한다는 엄중함으로 다져진다.

 위 시에서 "동사섭(同事攝)"은 선업을 쌓는 일의 일종으로 내가 한발 먼저 스스로 고통을 극복해야 하는 일에 가 닿는다. 그러므로 "내 심장"에 "피가 새는" 이유를 찾아가는 이 일은 이 몸이 "어느 쓸모로 엎디어야/밥값일지"를 알아가는 선연한 고통의 실천으로 다가온다.

무언 소린가 했지

립스틱 지워진 입술로 낡은 여자

술청 토막의자에 기대

물고 빨고 핥아준다고 사랑인가요

사월 곡우 비에 배꽃 구르는 소린갑네 하였지

사랑을 놓치고 잊어진 여자

연극배우의 독백이 생각나는

버즘나무 아래 나는 알아들었다

물고 빨고 핥으며

헉헉거리는 게 아니었음을

사랑은 스타카토나 절륜남의 심박동이 아니라

메트로놈 육십의 게으름으로

지겹게 굿거리장단으로

바리데기를 싣고 흘러가는 검은 강

희미하게 물러나는 늪안개처럼

반음만 어긋나도 다시 처음

소리꾼 열두 마당 판소리처럼

사랑은 끈적한 타액보다 가락이 절대임을

암연 같은 이별가에 코인을 넣고

버즘나무 아래 나는 훌쩍거렸다

무언 소린가 했지

물고 빨고 핥아도 다 주지 못한 물새 한 마리

허옇게 이어도로 밀려가는 다섯물때

내가 놓친 사랑 당신 뒷모습인갑네 하였지

한 박자 끊지 못한 나의 배냇짓인갑네 하였지

- 「독백, 사랑을 놓치고」 전문

    무언가를 놓쳐본 자는 무언가가 사무치게 간절한 자이다. 시인은 사랑을 놓친 마음을 마치 신파극을 무대에 올린 연극배우의 독백체처럼 풀어놓고 있지만 이것이 진정 혼잣말(독백)은 아니다. 앞서 「동사섭」에서 시인은 스스로 고통을 수행하는 일의 어려움을 말한 바 있다. 이제 "사랑을 놓치고" 깨닫는 "(참)사랑"의 열두 마당을 시인은 몸을 풀듯 풀어놓는다. 사랑은 "굿거리장단으로/ 바리데기를 싣고 흘러가는 검은 강"과도 같은 것이니, 사랑과 죽음은 한 끗 차이일 뿐이다. 무릇 "반음만 어긋나도 다시 처음"

부터 시작해야 한다는 것이다. "한 박자 끊지 못한" 뒤늦은 후회, 그것이 사랑이다.

    마리아나 해구 깊이로 깊숙이 가라앉습니다
    레퀴엠의 속도로 당김음 없이
    균일하게 내려갑니다
    지그시 압점을 찾아 누르는 중력의
    죽음 전 가사상태
    윤회의 가설을 믿는 당신께는
    편안한 잠입니다

    나는 발버둥 치거나 가위눌리지 않고
    조용히 아가미를 엽니다 수중호흡의 시작
    기억을 믿지 마시기 바랍니다
    차분히 내려올 때 참았던 분수공을 열고
    저무는 저녁바다를 들이마시는 겁니다
    나는 이제야 기포를 내뿜고
    물에 뜨는 잠은 겨우 시작이고

    여기는 해저 천 미터 고도

> 이 깊은 산정에서 나는 가까스로
>
> 청맹과니의 시청각을 회복합니다
> 무릎을 굽히고 고요히 죽었다
> 되살아나는 중입니다
>
> 별이 뜨는 새벽까진 돌아가겠습니다
>
> 　　　　　　　　　　－「물속의 잠」 전문

 병마를 견디는 일이 얼마나 큰 두려움을 떨쳐야 하는, 절망이자 상실인지는 자신(自身) 외에는, 진정 알 길이 없을 터이다. 고통의 절대치를 안고 가는 일, 그러하기에 '투병'은 삶의 시작점을 다시 거슬러가게 하는 변곡점이 되어 주기도 한다.
 정희성 시인의 경우, 깊숙이 가라앉는 낙하지점을 찾아 끝내 도달하는 "가사상태"는 오히려 "편안한 잠"을 받아들이게 하며 "윤회"에 대한 믿음으로 재생한다. 그는 가사(假死)의 순간에 이르면, "발버둥치거나 가위 누르지 않고/조용히 아가미를 연"다고 말한다. 차분히 "저녁바다를 들이마신"다고도 한다. 일순간 "기포를 내뿜고" "해저 천 미터"에서 "고요히 죽었다/되살아나는" 체험을 반복하는 일은 짐작조차 어렵다. 그러나 해저로 깊이 추락하는 저 "물속의 잠"을 향하며 다시 눈과 귀가 "회복"하는 역설의 순간을 시인은 맞닥뜨린다. 그것은 신비로운 회귀, "별이 뜨는 새벽"의 귀환을 예고한다.

    어찌 강물에 뼈마디를 흘리랴
    떠돌았거니 꼿꼿이
    저 비탈진 언덕에
    직근으로 내려서자
    푸른 몸을 다시 입으려니

    허혈성 세포로 비틀거리던 시간은
    그만 잊자 물 한 잔 내주고
    덜컥거리던 빈 그릇의
    시간은 그만 잊자

    치렁치렁 고단했던 등줄기에서
    푸른 순이 돋고

이십사 자모 밖의

식물성 화술과

푸른 눈

잊혀질 리 없는 별리

삼만 광년쯤 어느 새벽녘에는

너와 뿌리에서 뿌리로 만나는

푸른 등 하나도 켜지리니

어찌 거친 강물에

너와 나의 한 생을 흐르게 하랴

-「수목장」전문

    정녕 "별리"의 순간이 물속일 순 없다. 시인은 "수목장"을 선택하고 있다. "저 비탈진 언덕"에 "푸른 몸"을 다시 입고, "허혈성 세포"는 물 한잔으로 끊어내며, 이승의 시간은 잊고, 새로 "푸른 순이 돋"는 한 생이 다시 흐를 것이니, "어찌 강물에 뼈마디를 흘릴 것인가"를 토로하고 있다.

「물속의 잠」과 「수목장」을 대비해서 읽으면, 정희성 시의 근원이 "별리"에서 비롯한 것임을 알 수 있다. "잊혀질 리 없는 별리"는 "해저 천 미터 고도"(「물속의 잠」에서 인용)에서도 회복(回復)을 다짐하고 있으며, 머잖아 "삼만 광년쯤 어느 새벽녘"을 기필코 기약하게 한다. 이렇게 생(生)은 결코 무심하게 끝나지는 않을 것이리라 시인은 믿는다.

    봄날은 간다 연분홍 치마 절규도 없이
    봄날은 간다 만세삼창 욕정도 없이
    어쩌나, 터럭만큼 애증도 없이

    낫질에 파르라니 누운
    뿌리뱅이 풀이불 위에
    세반고리관을 누이면
    노랑 꽃무늬 현기증은 번지어라

    이마에 난 생채기 더운 피로 낯을 씻으며
    나는 아찔한 이별은 잊어라
    입덧도 없이

〈

봄날은 간다 숲새 따라 울다가

봄날은 간다 당신을 따라 울던

―「봄날은 간다」 전문

실제로 인생은 유한(有限)하다. 인생의 아름다운 시절이 "봄날"로 상기된다. 아름다운 시절은 결코 머물지 않는다. 봄날은 짧다. 봄날은 마침내 스쳐 지나간다.

그러나 시인은 짧디 짧은 이 봄날의 속성과 작별에도 "절규"와 "욕정"과 "터럭만큼의 애증"도 남기려 하지 않고, 남김없이 흘려보낸다. 단지 "숲새 따라 울다가"도 이윽고 "당신을 따라 울"며 현기증이 번지는 담담한 이별을 직시한다. 정희성 시인이 바라보는 인간의 생(인생)은 그러므로 덧없음보다는 서러움에 가깝다. 그의 시는 이러한 서러움으로 빼곡하게 차 있다. 이즈음 시인의 말이 다시 되새김 된다.

논자와 평자와 사가 몰래 슬쩍 개울에 흘리는 노래를
부르고 싶은 게지요 겨울나무에 겨우 걸려 있다 당신

강가에 오는 날 안개로 풀리는 눈물이고 싶은 게지요

그런 날은 더운밥 한 양푼
작은 저녁이고 싶은 게지요

당신 부르튼 발을 씻기는
놋대야고 싶은 게지요

─「시인의 말 : 서정을 위하여」에서

정희성 시인은 "더운밥 한 양푼"으로 충분한 "작은 저녁"을 꿈꾸고 있다. "논자와 평자와 사가(史家)"는 신경 쓰지 않는다. "개울에 흘리는 노래"나 "겨울나무"에 걸린 목울대처럼 "당신이 강가에 오는 날" 비로소 "안개로 풀리는 눈물" 같은 시⋯. "부르튼 발을 씻기는/놋대야"처럼 따뜻하고 그리운 시인의 시⋯. 그런 시가 여전히 '그 자리'에 머물길 그는 바란다. 시인의 회복을 위하여, 시인의 서정시를 위하여, 이 밤이 하염없이 깊어지고 있다.